I.G Bush

# Ejerce tu Autoridad Delegada por Dios

I.G Bush

# Ejerce tu Autoridad Delegada por Dios

## Es hora de tomar posesión de tu territorio

CREDO EDICIONES

**Imprint**



Cover image: www.ingimage.com

Publisher:
CREDO EDICIONES
is a trademark of
International Book Market Service Ltd., member of OmniScriptum Publishing Group
17 Meldrum Street, Beau Bassin 71504, Mauritius

Printed at: see last page
**ISBN: 978-620-2-47859-5**

# EJERCE TU AUTORIDAD DELEGADA POR DIOS

**I.G Bush**

**G**eneralmente las circunstancias y las vivencias por las que nos vemos obligados a pasar, pueden hacernos no sólo pensar, sino hacernos sentir que no valemos tanto como nos dicen.

**H**emos escuchado infinidades de veces a personas cercanas, y no tan cercanas, ya sea personal o a través de una prédica, decir que valemos la sangre de Cristo.

**L**as escuchamos hablar acertadamente que Cristo murió por nosotros, mostrándonos así su infinito amor y nuestra gran valía ante sus ojos; no obstante, las múltiples aflicciones por dificultades, escaseces, soledad, enfermedades, e impotencias por las que ya nos hemos acostumbrado a navegar, nos hacen dudar de que esta maravillosa verdad sea tan así.

**S**in embargo, ya nuestro sabio maestro Jesús, nos había advertido: "Estas cosas os he hablado para que en mí tengáis paz. En el mundo tenéis tribulación; pero confiad, yo he vencido al mundo" (Juan 16:33).

**E**s una triste verdad, pero es la realidad de la vida, queramos o no, todas las personas pasamos por tribulaciones en la vida; algunas más que otras, otros con periodos más largos. Sin embargo, Jesús nos da la clave para poder soportar estas etapas en nuestras vidas, que queramos o no, todos debemos pasar. Él nos aclara que mientras vivamos en el mundo pasaremos por momentos de aflicción, pero también nos consuela afirmándonos que él ya venció al mundo; esto quiere decir, que esas aflicciones no nos durarán eternamente, que una a una serán etapas pasajeras de nuestra vida, y que mientras estemos atravesando por esos momentos, si nos refugiamos en Él, nos dará de su paz aun en medio de esas circunstancias.

"Paz en medio de la tormenta"

Isaías 40:29

El da fuerzas al fatigado, y al que no tiene fuerzas, aumenta el vigor.

Isaías 41:10

No temas, porque yo estoy contigo; no te desalientes, porque yo soy tu Dios. Te fortaleceré, ciertamente te ayudaré, sí, te sostendré con la diestra de mi justicia.

Juan 14:27

La paz os dejo, mi paz os doy; no os la doy como el mundo la da. No se turbe vuestro corazón, ni tenga miedo.

Jesús no mintió diciéndonos que al recibirlo y al confesar nuestra fe en él, seríamos siempre felices, y viviríamos en un mundo carente de dificultad; él fue muy sincero, característica digna de su Padre, ("Yo soy la verdad y la vida" (Juan 14:6)), cuando nos dice en los textos arriba citados:

El da fuerzas al fatigado. (Isaías 40:29)

Te fortaleceré, te sostendré. (Isaías 41:10)

No se turben ni tengan miedo. (Juan 14:27)

Nuestro Rey y Salvador sabía que muchas veces, por las exigencias tan extenuantes de nuestro diario vivir, y por las constantes batallas, algunas de ellas con la balanza del lado opuesto al nuestro, en donde nos veríamos luchando contra la corriente, contra fuerzas superiores, contra nuestros propios deseos y sentimientos, y bajo circunstancias adversas, quedaríamos sin fuerzas. Él nunca nos dijo que no pasaríamos por sufrimientos, jamás nos insinuó que no pelearíamos nuestras propias batallas; Él fue fiel a su palabra y a la verdad, por eso, más que advertir, nos informó lo que nos acontecería a cada persona de este planeta, y seguidamente nos consoló como sólo él sabe hacerlo, con sus dulces, cálidas y sinceras palabras, llenas de amor, de poder y de lealtad: Te fortaleceré, te sostendré, no tengas miedo.

**E**s muy importante que como hijos de Dios seamos conscientes de esta gran verdad, ya que muchos piensan erróneamente, que como Cristo vino a darnos vida, y vida en abundancia (Juan 10:10), no deberíamos pasar por enfermedades, dificultades económicas o cualquier tipo de problemas; pero eso no fue lo que dijo Jesús. Ahora bien, como nos aclara la misma Biblia, no seremos tentados mas allá de lo que podamos soportar y junto a la tentación vendrá la salida. (1 Corintios 10:13).

"No os ha tomado tentación, sino la humana; más fiel es Dios, que no os dejará ser tentados más de lo que podéis llevar; antes dará también juntamente con la tentación la salida, para que podáis aguantar”

Teniendo ya claridad de este punto, y tomando consciencia de que mientras el mundo entero este bajo el poder del maligno, llámense creyentes o no, algunos pasarán por dificultades de diversas índoles, y otros tantos podrán también padecer enfermedades, muchas de estas incurables. La diferencia entre uno y el otro es, en quien ponemos nuestra confianza y sobre que o quien arrojamos nuestra carga.

# Tu fortaleza está en Cristo Jesús

**E**s común ver como el mundo va directo a la perdición, familias tras familias desaparecidas tras un divorcio, personas a temprana edad sumergidos en el alcohol y las drogas. Su confianza no está en el lugar correcto y su carga no fue depositada sobre la persona indicada; sin embargo, también hoy día, muchos de nosotros aun conociendo la palabra de nuestro Creador, hemos dudado del poder restaurador y fortalecedor de Dios, y bajo circunstancias extremas, hemos depositado nuestra esperanza en el lugar incorrecto. Nos hemos dejado ahogar por las penas y tristezas, y al no encontrar la luz que nos guie, hacia el camino que nos ayude a salir de la causa de nuestros pesares; nos apartamos y nos dejamos invadir por el desánimo. Sin embargo, hoy quiero recordarles el siguiente texto.

Proverbio 3:5,6

"Confía en el SEÑOR con todo tu corazón, y no te apoyes en tu propio entendimiento. **6** Reconócele en todos tus caminos, y El enderezará tus sendas"

**É**l puede ayudarte a salir definitivamente de esa depresión. Él puede restaurar tu matrimonio. Él puede hacer volver a tus hijos a la senda correcta. Él puede sanarte o en su defecto ayudarte a soportar esa espina en la carne como lo hizo una vez con Pablo.

Él tiene el poder para enderezar los caminos

**D**ios es fiel a su palabra, por eso es importante que nos acerquemos a Él, no sólo en los buenos momentos, es necesario que en los malos lo busquemos, no sólo para pedirle solución, sino también para escuchar su instrucción.

Proverbios 2: 6-12

“Porque el SEÑOR da sabiduría, de su
boca vienen el cocimiento y la inteligencia. **7** Él
reserva la prosperidad para los rectos, es escudo
para los que andan en integridad, **8** guarda las
sendas del juicio, y preserva el camino de sus
santos. **9** Entonces discernirás justicia y juicio,
equidad *y* todo buen sendero; **10** porque la
sabiduría entrará en tu corazón, y el conocimiento
será grato a tu alma; **11** la discreción velará sobre

ti, el entendimiento te protegerá, **12** para librarte de la senda del mal".

**E**stas son palabras de poder y sabiduría, aquí el escritor bíblico está siendo claro para los que buscan a Dios. El nos afirma que, de la boca de Dios, es decir de su palabra escrita en la Biblia, recibimos sabiduría, protección, nos dice que será nuestro escudo; que ella preserva nuestro camino, ya que nos permite discernir cual es el mejor camino a tomar, y esto nos libra del mal, porque al escoger un mal camino o una decisión incorrecta, acarreamos mal.

**L**a palabra de Dios puede tener un efecto impactante en nuestras vidas, si nos dejamos guiar por ella; porque al escudriñarla, encontramos consejos prácticos para cada situación que afrontemos, y ella SIEMPRE nos direccionará a tomar la senda correcta, porque de ella misma se nos dice:

“Porque la sabiduría entrará en tu corazón, y el conocimiento será grato a tu alma; la discreción velará sobre ti, el entendimiento te protegerá, para librarte de la senda del mal”.

# Lámpara es a mis pies tu palabra

**Y**a teniendo claro que Dios nos instruye y nos dirige mediante su palabra, y más aún, que, al declarar muchos versos de ella, se crea un cerco de protección sobre nosotros, el cual hace las veces de escudo protector; nos resultará más fácil empoderarnos de esa autoridad delegada que Él ha puesto sobre sus hijos.

*Significado de Autoridad: Facultad o derecho de mandar o gobernar a personas que están subordinadas.

Significado de delegar: Dar una persona a otra facultad o poder para que la represente y los ejerza en su nombre.

## ¿Qué es una autoridad delegada?

Es cuando un superior escoge a una persona, para que le represente y ejerza dominio sobre el grupo que este tiene a su cargo. Traspasando su mando sobre la persona escogida, sin perder su soberanía.

## Ejemplos de autoridad delegada en el pasado.

## MOISÉS

Es un hebreo que creció como un príncipe egipcio. Este hombre fue encomendado por Dios para liberar al pueblo hebreo de la esclavitud en Egipto y conducir el Éxodo hacia la Tierra prometida, siendo por ello el primer profeta y legislador de Israel. Según la tradición bíblica, Moisés era descendiente de Leví, transmitió la Ley al pueblo hebreo y sentó las bases para el sacerdocio y el culto israelita. La tradición judeocristiana atribuye a Moisés la autoría de los cinco primeros libros bíblicos (Pentateuco).

¿Quién fue Moisés?

Legislador y líder espiritual del pueblo de Israel.

Éxodo 3

**2** Y **se le apareció** el ángel del SEÑOR en una
llama de fuego, en medio de una zarza;
**4** Cuando el SEÑOR vio que él se acercaba para
mirar, **Dios lo llamó** de en medio de la zarza, y
dijo: ¡Moisés, Moisés! Y él respondió: Heme aquí.
**10** Ahora pues, **ven y te enviaré** a Faraón, para
que saques a mi pueblo, los hijos de Israel, de
Egipto. **11** Pero Moisés dijo a Dios: ¿Quién soy yo
para ir a Faraón, y sacar a los hijos de Israel de
Egipto? **12** Y Él dijo: Ciertamente **yo estaré**
**contigo**, y la señal para ti de que soy yo el que te
ha enviado será ésta: cuando hayas sacado al
pueblo de Egipto **adoraréis a Dios** en este monte.

**M**oisés después de Jesús fue el líder más importante que ha pisado la tierra, su comisión fue nada más y nada menos que enfrentar cara a cara al imperio que oprimía al Pueblo de Dios, y devolverle la confianza a un Pueblo que se había olvidado de quien era su verdadero dueño, Jehová de los Ejércitos.

Recordemos que significa delegar.

*Delegar: Dar una persona a otra facultad o poder para que la represente y los ejerza en su nombre.

**E**ntonces vemos cinco puntos importantes en el libro de Éxodo capítulo 3, en el que precisamente Dios delega autoridad a Moisés.

1.Y se le apareció el ángel del SEÑOR (Verso 2)

2.Dios lo llamó (verso 4)

3.Ven y te enviaré (verso 10)

4.Ciertamente yo estaré contigo (verso 12)

5.Cuando hayas sacado al pueblo de Egipto adoraréis a Dios en este monte. (verso 12B).

**C**uando Dios escoge a un siervo suyo para delegar su autoridad realiza cuatro acciones:

1. Dios buscó
2. Dios llamó
3. Dios envió
4. Dios respalda

**P**ero dentro de esa delegación nosotros debemos realizar una acción también "cuando hayas sacado al pueblo de Egipto adoraréis a Dios en este monte"

5. Darle la Gloria a Él.

Moisés aceptó y asumió esa autoridad delegada por Dios, y Dios cumplió su palabra: "Y Él dijo: Ciertamente yo estaré contigo" (Éxodo 3:12). Dios prometió estar con él, y cuando leemos la Biblia vemos como Dios, respaldó, protegió, y guio a Moisés durante toda su comisión. Dios revistió a Moisés de su autoridad, tanto así que fue seguido por un pueblo de miles, y en la Biblia se dice de él: "No se levantó profeta en Israel como Moisés".

# Somos representantes de Dios en la tierra

Cuando Dios te escoge como su delegado, te reviste de su autoridad.

Todas las personas somos llamadas a ser hijos de Dios, si le aceptamos y hacemos su voluntad.

“Mas a todos los que le recibieron, a los que creen en su nombre, les dio potestad de ser hechos hijos de Dios” (Juan 1:12).

Es muy importante que todos entendamos esto, Dios busca y llama, primeramente; nosotros somos quienes decidimos si le contestamos y le aceptamos; Él no toma a las personas a la fuerza, Él cómo todo un caballero nos llama, si aceptamos o no es nuestra decisión. Cuando contestamos, aceptamos, y efectuamos su voluntad, somos considerados sus hijos, ovejas del buen pastor.

Sucede lo contrario cuando vez tras vez nos hace el llamado, y nosotros o lo ignoramos o lo despreciamos, y seguimos dirigiéndonos por la vida como nos plazca; es entonces cuando entramos en el otro grupo: "Ustedes son de su padre el diablo y quieren hacer los deseos de su padre" (Juan 8:44).

"Su Padre el diablo"

*Padre del griego πατρος = Patera (latín páter).

**L**a palabra latina páter viene de una palabra indoeuropea que está presente en el griego. La palabra padre (Páter) en uno de sus significados etimológicos significa: Jefe, patrón.

Veamos que representa.

Jefe: Persona que tiene autoridad o poder sobre un grupo para dirigir su trabajo o sus actividades.

La DRA indica que la palabra castellana jefe deriva de la francesa chef y esta deriva a su vez del francés antiguo chief que significa líder o cabeza. De ahí que la Biblia hace la diferencia, entre criaturas e hijos de Dios. El que hace la voluntad de Dios, y lo acepta como su páter, su jefe, su cabeza y líder, es llamado hijo de Dios. Por el contrario, el que lo rechaza no sólo no contestando a su llamado, sino haciendo todo lo contrario a sus mandamientos, no es considerado hijo de Dios.

Notemos que el texto dice que quienes hacen la voluntad de Dios tienen potestad de ser llamados sus hijos.

Algunos sinónimos interesantes de la palabra potestad son: dominio, poder, autoridad, facultad, jurisdicción, capacidad.

**E**n resumen, sólo un hijo de Dios puede recibir la autoridad delegada de Dios, por eso Él te busca (escoge), Él te llama, Él te envía y Él te respalda.

# Si Dios te escoge, Dios te prepara

## JESUS

Una prueba clara y contundente fue cuando el Padre envió a su hijo a la tierra.

1.Dios buscó

“Por tanto, tal como el pecado entró en el mundo por un hombre, y la muerte por el pecado, así también la muerte se extendió a todos los hombres, porque todos pecaron”. (Romanos 5:12)

**C**omo es bien conocido, por la desobediencia de Adán todos heredamos el pecado y la muerte, y sólo un ser perfecto podía redimirnos. Dios buscó y no había en la tierra ninguno digno para pagar dicho rescate. (Marcos 10:18; Romanos 3:10; Romanos 3:12), y según la Ley la paga del pecado era la muerte (Romanos 6:23), y nosotros no habíamos heredado cualquier tipo de muerte, la que habíamos heredado era una muerte eterna, ya que esta pasaría de generación en generación eternamente, así que sólo un ser Santo y eterno podía pagar esa deuda eterna (Hebreros 9:11,12). Solo su hijo Jesús era digno.

2.Dios llamó

"Entonces Jesús vino de Galilea a Juan al Jordán, para ser bautizado por él". (Mateo 3:13)

Jesús se presenta ante Juan para ser Bautizado, El Padre le llama en ese momento, le esperaba en el rio Jordán después de tantos años, para que ejecute la gran comisión para la cual fue enviado.

3.Dios envió

“Como el Hijo del Hombre no vino para ser servido, sino para servir, y para dar su vida en rescate por muchos." (Mateo 20: 28)

Después de ser bautizado, tentado y preparado, Dios le envía a predicar, rescatar, sanar y dar su vida por la humanidad.

4.Dios respalda

Jesucristo hizo muchos milagros, esto fue clara evidencia del respaldo de Dios, pero el respaldo primordial del Padre hacia Jesús, fue el haberlo resucitado de entre los muertos y devolverlo a su posición original. Recordemos que él fue llamado, el aceptó, y Dios lo envió.

Dios prometió respaldarlo y devolverlo a su lugar de habitación, el cielo, una vez fuera resucitado.

# Respaldar, también es garantizar

**A** Moisés Dios le respaldó permitiéndole hacer señales y prodigios, y le garantizó que si obedecía entraría a la tierra prometida; a Jesús se le respaldó con palabras directas desde el cielo; permitiéndole hacer milagros sorprendentes, recordemos que Jesús se despojó de su divinidad y fue un hombre mortal, perfecto, pero mortal como nosotros; y se le garantizó que, si cumplía a cabalidad su comisión, dar su vida en perfección, se pondría a sus enemigos bajo sus pies y sería devuelto al cielo (Salmo 110:1)

**E**n realidad, Cristo cumplió en dualidad esa autoridad delegada por el Padre, primero como espíritu, luego como carne.

En el Cielo

1.Dios buscó y lo eligió a él en el cielo, entre todos sus seres celestiales.

2. Dios lo llamó y El aceptó venir a la tierra.

3.Dios lo envió a la tierra en el momento en que María queda embarazada.

4.Dios lo respaldó, esto fue evidente cuando habla desde el cielo y de manera sobrenatural se escucha decir: “Este es mi hijo amado en quien tengo complacencia” (Mateo 3:17).

Otra manera en que fue respaldado, fue en que, aun habiéndose despojado de su divinidad, y nacido como hombre, fue notable su sabiduría y elocuencia al hablar; recordemos que en la Biblia se lee que Jesús es la palabra y en ella se dice:

“Jamás se ha escuchado a un hombre hablar así”. Notamos que las personas se sorprendían de la forma tan exquisita como se expresaba el Maestro de maestros.

Otra manera como mostró su respaldo, fue cuando Dios Padre no permitió que uno solo de sus huesos fuera quebrado, tal como lo había profetizado en el Salmo 34:20 “El guarda todos sus huesos; ni uno de ellos será quebrantado”.

Con estos dos ejemplos vemos claramente que Dios es quien escoge sobre quien depositar su autoridad, no ganamos ese privilegio por dones o talentos, ni por sabiduría o conocimiento; el escoge a los aptos.

Apto o apta significa idóneo, apropiado, y eres calificado como apto cuando superas una prueba.

*Sinónimos de la palabra prueba: Comprobación, **examen**, estudio.

# Dios escoge a los aptos

**N**uestro Padre no escoge al azar, cuando Él escoge, Él sabe exactamente lo que necesita, y si te eligió fue porque primero tuvieron que suceder dos condiciones: Reclutó, escogió.

**a**. Reclutó a varios para el examen. (Recuerda antes de llamar el "busca")

*Sinónimos de la palabra buscar: explorar, registrar, inspeccionar, rastrear, indagar, escudriñar, rebuscar, investigar, averiguar, examinar, palpar.

**b**. Entre todos tu pasaste con la máxima nota.

**C**uando Dios te llama es porque ya Él te hizo la prueba, es decir, ya te estudió, te analizó, te escudriño, y comprobó que tú eras el indicado.

**E**sta gran verdad debería llenarnos a todos de gozo, ser escogidos como aptos por el Soberano Universal, a nosotros que en la Biblia el profeta Isaías nos describe de la siguiente forma:

"Todos nosotros somos como el inmundo, y como trapo de inmundicia todas nuestras obras justas; todos nos marchitamos como una hoja, y nuestras iniquidades, como el viento, nos arrastran" (Isaías 64:6).

Aun así, ignoramos la voz del Gran Yo Soy, cuando deberíamos estar haciendo filas y gritar todos al unísono "Heme aquí envíame a mi" (Isaías 6:8).

# Debemos ser agradecidos

5. Darle la Gloria a Él. “cuando hayas sacado al pueblo de Egipto adoraréis a Dios en este monte”.

Jesús fue fiel a este mandato tanto así que lo demostró varias veces:

Juan 16:28

Salí del Padre y he venido al mundo; de nuevo, dejo el mundo y voy al Padre.

Juan 7:28B

“Yo no he venido por mi propia cuenta, pero el que me envió es verdadero, a quien vosotros no conocéis”.

Jesús siempre puso la autoridad del Padre por encima de la suya; recordemos que:

Una autoridad delegada es cuando un superior escoge a una persona, para que le represente y ejerza dominio sobre el grupo que este tiene a su cargo. Traspasando su mando sobre la persona escogida, **sin perder su soberanía**.

Jesús nunca dejó de darle la gloria a Dios; igualmente nosotros, después de aceptar el llamado, y una vez Dios empiece a hacer grandes hazañas con nosotros, nunca tratemos de quitarle su protagonismo.

Debemos tener claro que Dios bondadosamente nos delega su autoridad, pero nunca pierde su soberanía.

# Llamados por el Rey

**H**oy Dios sigue llamando a sus hijos para comisiones específicas. El continúa buscando incansablemente entre la multitud de personas, a grandes y chicos, a mujeres y hombres; para delegarle su autoridad, para que lo representen en el mundo.

**D**ios está llamando a Pastores, para que dirijan a su pueblo con rectitud. Dios está llamando a sus líderes y maestros a ejercer su autoridad, e instruir al pueblo en espíritu y en verdad.

Dios está llamando a Salmistas, para que levanten un cantico nuevo, con melodías Santas que le exalten y glorifiquen sólo a ÉL.

Dios está llamando a evangelistas, para que vayan y proclamen el evangelio puro de Cristo a las naciones.

**D**ios está llamando a padres y madres, para que instruyan al muchacho en su camino (proverbios 22:6) “Instruye al niño en su camino, Y aun cuando fuere viejo no se apartará de él”.

**D**ios está llamando a jóvenes, para que se acuerden de sus leyes y le dediquen su vida ahora en su mocedad (Eclesiastés 12:1) “Acuérdate de tu Creador en los días de tu juventud, antes que vengan los días malos”.

**D**ios está llamando a esposos, para que se deleiten con la esposa de su juventud (Proverbios 5:18)

"Sea bendito tu manantial; Y alégrate con la mujer de tu mocedad"

**D**ios está llamando a Jueces y abogados a defender el evangelio, su autoridad, y sus leyes ante los tribunales humanos (Marcos 13:11) "Cuando los lleven y los entreguen, no se preocupen de antemano por lo que van a decir, sino que lo que les sea dado en aquella hora, eso hablen; porque no son ustedes los que hablan, sino el Espíritu Santo".

# Escucha su llamado

**D**ios nos llama a representarlo, no sólo en ministerios dentro, sino también fuera de la iglesia.

### Como padres

**J**ehová primero es Padre, por eso quiere que como padres ejerzamos su autoridad delegada, con los hijos que nos otorgó, todos les pertenecemos a Él, aun nuestros hijos son suyos, instruyámoslos en el camino como Él lo haría, con amor, respeto y buen ejemplo.

### Como hijos de Dios

**J**esús desde joven ejerció esa autoridad delegada por el Padre, esto lo podemos leer cuando predicó a la edad de 12 años en el templo. Todos somos llamados a realizar la gran comisión, la de impartir el evangelio, por eso aun los jóvenes deben apoderarse de esa autoridad delegada, y de ese llamado que le extiende hoy el Padre Eterno.

Como esposos

**J**esús es la cabeza y el novio de la iglesia; y el delegó esa autoridad como cabeza y novio a los esposos en cada hogar, instruyéndolos a tratar a las esposas con amor y como el vaso más frágil.

Como defensores de su palabra

**D**ios es el Juez Supremo, y ha delegado su autoridad a hombres y valientes mujeres, para que defiendan su palabra, y a sus hermanos, frente a los tribunales.

Sea cual sea, el cargo, ministerio, u oficio que realices, toma tu posición como hijo de Dios.

**R**ecuerda, tú no eres cualquier cosa, no eres de poco valor, debes estar convencido que pagaron un alto precio por tu salvación, y sí aceptaste a Cristo como tu Señor y Salvador, eres considerado hijo de Dios. ¡qué gran privilegio!, y si no lo has hecho, aun estás a tiempo. Repitamos juntos:

Señor Jesús, hoy reconozco que tú eres mi único salvador, que tú moriste en la cruz por mis pecados y mi salvación. Reconozco que te necesito y pido al Padre en tu nombre, perdón por todos mis pecados. Jesús, yo hoy te abro las puertas de mi corazón y mi vida, para que entres en mí y te conviertas en mi Señor y Rey, escribe por favor mi nombre en el libro de la vida, y has de mi la persona que tú quieres que yo sea. En tu nombre Amen.

**N**o lo olvides, Dios te ama, y te amó tanto desde un principio, que envió a su hijo amado a dar su vida Santa, para que tú y yo fuéramos redimidos, y pudiéramos tener vida eterna. ¿Lo crees?

Dios te dice hoy:

"Mi siervo eres tú; yo te he escogido y no te he rechazado"

(Isaías 41:9)

"Es tiempo de tomar posesión de tu territorio"

Printed by Books on Demand GmbH, Norderstedt / Germany